21-5

21-5

2025년 8월 20일 초판 1쇄 인쇄
2025년 8월 28일 초판 1쇄 발행

지은이 │ 윤석광
펴낸이 │ 孫貞順
펴낸곳 │ 도서출판 작가
　　　　(03756) 서울 서대문구 북아현로6길 50
　　　　Tel │ 02)365-8111~2　Fax │ 02)365-8110
　　　　Mail │ cultura@cultura.co.kr
　　　　Homepage Address │ www.cultura.co.kr
　　　　등록번호 │ 제13-630호(2000. 2. 9.)

편집 │ 손희 김치성 설재원
디자인 │ 오경은 이동홍
마케팅 │ 박영민
관리 │ 이용승

한국디카시 대표시선

32

윤석광 디카시집

21-5

작가

까만 밤에 수없이 울었다.
눈이 아프도록 다투었던 책들
한계점에 다다랐던 허기진 Metaphor 세계
쉬울수록 어려워지는 詩의 공간

때론 즐거움에 콧노래를 불렀고
때론 괴로움에 능력을 의심했다.
아픔만큼의 성숙을 거쳐
조심스레 글을 옮긴다.
발자국 없는 하얀 눈밭에 첫발을 내딛는 심정으로

자연이 주는 사랑
좁은 마음자리에 담아본다.
부끄러움은 시인의 몫이다.

늙은 해가 등 굽은 산줄기에 머리를 내리기 전에
또 셔터를 누른다.

2025년 8월
윤석광

제2부 더위는 보물창고다

제3부 그해 가을맛은 달았다

제4부 꿈은 언제나 지금부터 시작이다

제1부

봄바람 났다

4월, 짧은 연극

한 잎 한 잎

젊은 베르테르의 슬픔을 품고

떨어지고 있는 봄날

짧은 시절 인연

향기 담은 바람에 날려 보내니

가족이라는 풍경

바다가 잠시 물러난 자리
옹기종기 행복을 캔다

칠게의 놀이터에 앉아
시간이라는 조개껍질을 열면
반짝이는 건 함께하는 소중함

고민되네

고놈 참 묘하다
내 새끼 맞아

바람 안 피웠는데

독야홍홍獨也紅紅

늙은 겨울 소소리바람

울고 웃는 자장매*

묵혀둔 햇살 받아

홀로 핀 붉은 봄

마음은 벌써 열렸는데

*자장매 : 양산 통도사 홍매화

내일은

어제는 고요한 쉼표

오늘은 다시 시작하는 문장

피어나는 연둣빛 웃음에

구불구불 흘러내린 시간

나는 오늘 다시 꿈꾸고 있다

무아지경

크기도

감칠맛도

희로애락의 무게도 다르다

한 잔 술에 마음 훔쳐 갈

그런 사람이 그립다

바람의 초상肖像

수평선 위

얼굴을 그리는 바람

조각달에 걸린 이마

윤곽이 되어준 그리움

그녀는 아직 꿈꾸는 중

애섦은 사랑

닿을 듯 말 듯

비정하리만큼 먼 거리

칠흑 같은 별밤마다

출렁이는 연모戀慕

오늘 밤은 어쩌면 가 닿을까

연가戀歌

눈물일까 꽃물일까 젖어 드는 마음 자락

말이 없는 고모산성 꽃 바람길 열어주니

기다리는 님의 마중 걸음걸음 사뿐사뿐

견우직녀 해후하듯 버선발로 맞이하네

우리 사이

말라붙은 마음 위로

갈라짐만 늘어나고

손 닿을 듯 가까운 틈새

보이지 않는 뿌리

단비라도 내렸으면

울매

지조를 지키려니 가슴이 아프고

자태를 뽐내려니 시간이 급하다

시린 봄날에 흔들리는 마음

동쪽으로 갈까 서쪽으로 갈까

은하수

밤새 쏟아진 봄날

별들의 유서가 흩어지고

내 그림자마저

환각처럼 반짝인다

오늘 밤 칠흑 같은 어둠 위에

이 웬수같은

숙제 같은 오늘

...

언제쯤

축제 같은 인생이 올까

일두화一蠹花

시공時空을 넘나드는

한 떨기 자목련화

피고 지는 꽃잎에

아련한 님의 서기瑞氣

여백의 유혹이 넘쳐나는 봄날

*일두一蠹 : 정여창 선생의 호

초혼招魂

구절초가 처마에 올랐다

누가 죽었길래

하늘도 길을 열었다

제2부

더위는 보물창고다

21-5

$$\sum_{}^{\infty} LOVE = 행복쉼터$$

$$\lim_{언술 \to 은유} \left(\sum_{1}^{365} 自然愛 \right) = 멀티언어예술$$

23:00, 딸랑 팬티에 손전등 하나

풀벌레의 합창과 고요가 버무려지는 순간

별밤과 나는 보물창고에 갇힌다

Comedy

웃긴다
지네들이 라이트 형제인 줄

백 번을 돌아도
그 자리인데

둔갑

두 놈이다

극한 장마와 찜통 무더위

몸뚱이 숨긴 채 꼬리만으로

하늘 가른다

그리움이 머무는 집

극한 여름

숨이 찬 빨간 기다림

오늘도 공허하다

마른장마만큼 아픈

고지서보다 손 편지가 그리운데

단장斷腸

고개 숙인 짧은 생애

마음에 기대어 울고

눈물 고인 자리에

피어난 침묵

어미는 그날 멀리 떠났다

마음에 비가 내린다

목마름에 길들여진 삶

허무와 허탈의 사이를 교행하는

자신에 대한 연민

길을 감춘 해무

어디로 가야 할지 막막한 날

반목

같은 시공時空

서로 다른 바람길

굴러온 돌 박힌 돌 타령에

바람 잘 날 없다

휘감고 보듬은 장미 보기 부끄럽다

순례자

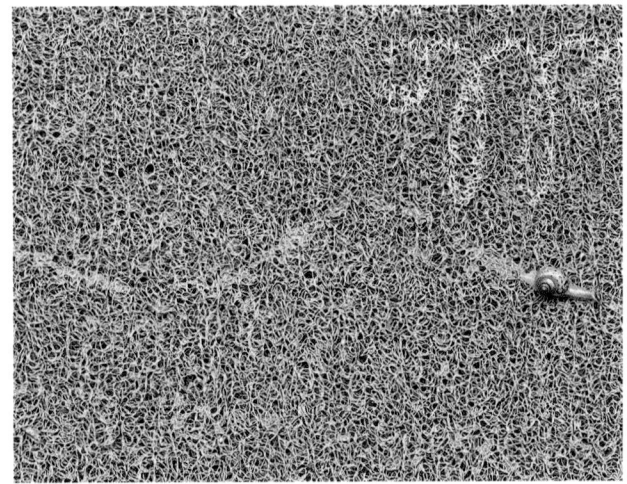

Google 지도도 없이

고난의 행군

엉킨 마음의 실타래

언제쯤 풀리려나

숨죽인 기다림

세상은

한 줄 실로 엮은 함정

비가 내리면

바람 소리마저 잦아든다

나 아닌 누군가의 불행을 기다리며

오늘 저녁은 따뜻하다

설익은 장마 틈새 비집고

노을빛 수채화 위

조용히 길을 걷는 바퀴

말없이 기댄 하루의 온기

속도를 줄이며 깊어져 간다

이산離散

지우지 못한 핏줄의 기억

햇살 너머로 내미는 손길

몸은 늘 저편에 있고

닿을 듯 말 듯 그리움만

작은 기도

천년 노송에 기대 선 마음

기다림일까 해탈일까

흔들리는 것은

바람이 아니라 내 안의 번뇌

전당포

팬지 향이 팔릴 때까지
나비를 맡겨둡니다

잊지 마세요
이 풍성한 상징의 자리

찜통더위

찜통 뚜껑에 김 서린 모습

달궈진 불판 위에
올라앉은 여름
날마다 볶아대니
숨구멍이 바늘구멍

어떤 가을 주시려고

첫 출근

정장 대신 날개

장신구 대신 이슬

가슴은 콩닥콩닥

잠 못 드는 열대야

다들 나만큼 목청이 좋을까?

침묵의 바다에서

오아시스의 숨결 위

물들지 않는 보라색 물결

속세 벗은 그림자 하나

향기의 설법 바라본다

꽃이 전하는 말없는 말

제3부

그해 가을맛은 달았다

Endless Love

돈도

명예도

다 싫다

오직 너만 있으면

노을 맛

저수지 위

끓고 있는 하루

하늘은 기미상궁

수저 들고 있는 산 그림자

매운탕일까 지리탕일까

늦깎이

외면하기 싫었다

붉게 타오르는 그리움

순간순간 뜨거움에

숨 가쁜 가슴앓이

늦게 핀 장미가 더 붉다

경청

막걸리 한 잔에 너털웃음

잔소리 한번 없으시던

아버지의 생전 한 마디

자고로 남자는

듣는 귀가 있어야 해

미녀와 야수

달라도 너무 다른 그-네

때로는 티격태격

때로는 알콩달콩

살며 사랑하며

우리는 천생연분?

범칙금

아직 가면 안 돼

빨간불이잖아

가을아!

살아간다는 것

기다림조차 서로 닮아가는 시간

구부러진 등을 따라

바퀴 달린 청춘이 차례를 기다린다

生의 시계는 창밖으로 흐르고
피할 수 없는 어제의 햇살이 또 찾아온다

술래잡기

밥 먹으라는 소리
동네 떠들썩하고
어느새 굴뚝엔 저녁 그림자

가을이 그렇게 짙었나
나 여기 있는데

시간의 주름

바람은 파도를 등에 업고
어둠은 빛을 밀어낸다

자연이 만들어 낸 태초의 무늬
난수표 같은 다대포의 흥얼거림

선홍색 낙조가 황혼을 노래하다

열애

빼어난 자태

화려한 몸짓

페르몬 향에 취한 사랑도 찰나

이 사랑 한 번이면

죽어도 아니 눈물 흘리오리다

이주 노동자

감춰진 아픔 불빛에 묻고
챗바퀴에 올라탄 돈의 노예

망망대해 건너 고향은 멀고
배고픈 주머니 앞길이 구만리

인생은 타이밍

시간도

돈도

쓸 줄 아는 사람의 몫

때를 놓치면 모두가 허당

일탈

마틴 쿠퍼*가 그랬고

칼 벤츠**가 그랬다

궁금하면 못살아

* 마틴 쿠퍼 : 휴대전화의 아버지
** 칼 벤츠 : 자동차 산업의 아버지

자연애

베토벤도 슈베르트도

흉내 못 낼

청아한 숲속 멜로디

때아닌 합창에 맛깔나는 가을

포행布行

세속과 선계

갈바람 넘나들듯

화두를 밀어내는

만산홍엽

마음 따라 걷는 길

혼돈의 시간

산과 마을의 경계

 어둠이 몰고 오는 아픔

낮마다 찾아오는 회색의 지평

펜이 그려내는 지리산은

아직도 그날을 운다

제4부
꿈은 언제나 지금부터 시작이다

03122024 절규

뭉크도 놀랐다

속전속결

이 밤이 끝나기 전에

어둠이 길을 찾기 전에

어쩌려고…

감옥

불 켜지지 않는 방

세월의 눈빛은 시간을 되감고

말라가는 기억 속

장미 한 송이만 아직 남았다

견불생심見佛生心

재물을 탐할까
중생을 구제할까

눈에 밟히는 쪽방촌 노인들
따뜻한 마음이 그리운 입춘

귀천歸天

유독 춥다는 올겨울

아버지가 남기고 가신 양피羊皮 한 벌

하늘에 걸렸다

가을은 멀리 가고 별빛 초롱초롱한데

주체할 수 없는 그리움

당랑거철

절간 3년이면

......

108배에 도반道伴이 생긴다

묵은 온기

하얀 숨결 한 사발

입술에 머금으면

아슴하게 묻어오는 그리움 한 자락

속삭이듯 아버지가 웃으신다

"자, 한 잔 받아라."

봄의 길목에

굳은살 적시는 이슬비

감나무 가지 끝 외로운 무희

말라붙은 시간 위에 부리를 얹는다

기다림은 새로운 시작

작은 부리 하나에 봄이 매달린다

부엉이 방구

니껀 커지고
내껀 작아지고

부러운 눈으로 쳐다보지 마
나 아파

손톱달과 사랑

가슴을 훔치는 아미

　발그레한 볼

너는 내 마음의 보석상자

한그루 가로등 되어

그 사람을 마냥 기다립니다

승무僧舞

허공을 가르는 침묵의 춤사위

소매 끝에서

바람이 기도를 한다

법향이 머물다 간 자리

비상하는 채움과 비움

신神의 선물

길게 드리운 별밤

축시丑時에 도배된 그리움

창문 너머로 묻어오는 그림자

잃어버린 잠은 벽에 걸리고

애기섬*

흑백의 상처 안고

침묵의 바다에

피멍 든 섬 하나

니들이 아느냐고

숯덩이 같은 이 아픔을

* 애기섬 : 경남 남해 상주리에 있는 소치도
            1949년 결성된 '국민보도연맹' 120여 명을 수장시킨 곳

저항

끝내 붙잡고 있는 건

겨울이 아니라

내 안의 봄

녹아내려야 비로소

흘러가는 계절

친구

떠나기가 아쉬워

차가운 도화지에 남기고 간 가을

만나고 헤어짐은 도돌이표

서러워 마라

윤회의 굴레는 누구에게나 같다

파수꾼

빨랫줄에 걸린 시간

그 아래 충직한 그림자 하나

말라가는 대구보다

소리 없는 기다림이 더 진심

밝은 눈과 맑은 마음의 대위법

— 윤석광 디카시집 『21-5』에 붙여

김종회(문학평론가, 한국디카시인협회 회장)

1. 윤석광의 디카시, 또는 그 의미

윤석광은 한국디카시인협회 경남 양산지회의 임원을 맡고 있어서, 필자는 여러 공식 석상에서 그를 만날 기회가 있었다. 팔팔한 젊은이처럼 캐쥬얼한 풍모와 맑은 눈빛의 주인인 그가, 이렇게 시집 한 권 분량의 디카시를 써 온 사실은 잘 몰랐다. 물론 경북 문경문학관이 주최한 규모가 큰 디카시공모전에서 금상을 받았을 때, 그 시작詩作 실력을 확인하긴 했었다. 이 공모전에서 본심 심사를 맡았던 필자는, 그 심사가 이름을 가린 블라인드 방식으로 진행되었기 때문에 주최 측에서 공식 발표를 하기 전까지는 수상자가 누구인지를 몰랐다. 어쨌거나 그는 짧지 않은 기간 동안 디카시 창작을 계속해 왔고, 그것이 일정한 수준과 분량에 이르렀음을 증명했다.

그동안 윤석광이 전국 디카시 공모전에 입상한 사례를 보면 〈명성문화예술센터〉 디카시백일장, 〈이병주국제문학제〉 디카시공모전, 〈달성 시로 물들이다〉 다카시공모전 등을 거쳐, 〈봉황대 마타리꽃 문학상〉 디카시 최우수상, 그리고 〈경북문경연가〉 디카시공모전 금상의 수상 경력이 있다. 그는 35년간 고등학교 수학 교사로 재직했는데, 명예퇴직 후 이렇게 활달한 시 창작의 세계로 나선 것은 사뭇 놀라운 일이다. 그런가 하면 그가 좋은 디카시를 쓸 수 있도록 그 삶의 체험 영역이 다양다기한 측면도 더불어 주목할 만하다. 그가 생활도예과 2년 졸업 후 도자기 공방 〈소소小少〉를 운영하고, 세계 50여 개국에 배낭여행을 했으며, 현재 시니어연기모델학과에 재학 중인 사실들이 이에 대한 증빙에 해당한다. 자, 이제 이와 같은 사전 정보와 함께 그의 디카시 세계로 들어가 보기로 하자.

일찍이 『논어』 〈양화편〉에서 공자는 이렇게 말했다. "너희들은 어찌하여 시를 공부하지 않느냐. 시는 감흥을 돋우고 세태를 관찰하게 하며 대중과 어울려 즐거워하게 하는 동시에, 가까이로는 부모를 잘 섬기게 하고 멀리로는 군주를 잘 섬기게 한다. 뿐만 아니라 조수초목鳥獸草木의 이름을 많이 배우게 한다." 이 가르침을 역으로 거슬러 올라가 보면 '조수초목'의 이름을 많이 아는 것이 곧 시를 잘 쓸 수 있는 필요조건이 된다고 할 수 있겠다. 윤석광의 디카시에 등장하는 만상萬象의 다층적인 모습이 그가 종내 디카시인일 수밖에 없는 전제조건임을 상기할 필요가 있다. 이처럼 장황한 언사가 동원된 까닭은, 그와 같이 보다 확장된 시선으로 이 시집에 수록된 디카시들을 살펴보자는 뜻에서다.

2. 가족 또는 친인의 관계성 고찰

세상 모든 일은 관계로부터 시작된다. 사람과 사람의 관계 곧 인간관계Human relations가 행복의 지표를 좌우한다는 논의는 오래된 정설이다. 미국 펜실베이니아주 피츠버그의 카네기공대에서 연구한 결과, 실패한 사람 1만 명의 표본조사에서 전문적 기술과 지식이 모자란 경우가 15%였고 대인관계를 잘못한 경우가 85%였다. 그러기에 자아와 세계의 관계 설정에 성공하기란 매우 쉽지 않고 중요한 사안이란 얘기가 된다. 1부에 실린 윤석광의 디카시들은 주로 이와 같은 관계의 문법, 특히 가족이나 친인親姻의 그것에 관심이 많다. 「고민되네」에서는 고양이의 눈을 빌려 친족간의 확인 문제를, 「애섧은 사랑」에서는 도로변 남녀의 조형물을 통해 애달프고 서러운 연모의 정을 나타낸다.

바다가 잠시 물러난 자리
옹기종기 행복을 캔다

칠게의 놀이터에 앉아
시간이라는 조개껍질을 열면
반짝이는 건 함께하는 소중함

　　―「가족이라는 풍경」

　인용된 사진이 어느 바닷가인지 알 길은 없다. 그러나 넓
은 갯벌의 풍경을 보면 서해안 어디가 아닐까 싶다. 그 썰물
의 시간 '바다가 잠시 물러난 자리'에 일가족일 듯한 일군의
사람들이 무엇인가를 캐고 있다. 시인은 이 광경을 두고 '옹
기종기 행복을 캔다'라고 적시摘示했다. 그리고 그 자리를 일
컬어 '칠게의 놀이터'라 명명命名했다. 칠게는 갑각류 바닷게
의 한 종류다. 이들에게 칠게나 같은 자리의 조개 등이 무엇
에 소용될지는 잘 모르겠으되, 시인은 거기에 식용이나 판
매용 같은 계산된 수식어를 가져다 두지 않았다. 그와 함께
'시간이라는 조개껍질'을 열면 '함께하는 소중함'이 반짝인
다는 것이다. 함께하는 시간을 이보다 더 절실하게 표현하

기는 어려울 터이다.

눈물일까 꽃물일까 젖어 드는 마음 자락
말이 없는 고모산성 꽃 바람길 열어주니
기다리는 님의 마중 걸음걸음 사뿐사뿐
견우직녀 해후하듯 버선발로 맞이하네

——「연가戀歌」

이 디카시는 앞서 언급한 경북문경 디카시공모전에서 금
상을 받은 작품이다. 고색창연한 빛깔로 남아 있는 오래된
축성築城의 담벽 길을 따라, 한 여인의 편안한 걸음이 눈에
들어온다. 연초록 잎새와 들풀, 연분홍 꽃잎이 살아있는 정
경을 보면 아직 어느 봄날의 시간이다. 사진은 전체적으로
부드러운 조화를 이루어 '연가戀歌'라는 시의 제목과 무리 없
이 어울린다. 이 시는 시적 언술을 읽기 이전에 사진만으로
도 좋은 평점을 얻었다. 시의 첫머리는 '눈물일까 꽃물일까
젖어 드는 마음 자락'이라고 시작된다. 문경의 고모산성이
면 삼국시대 경상북도 북부의 관문이었던 신라의 성곽이다.
시인은 이 시의 이미지 그리고 여인의 걸음을 두고 '님 마중'

이라고 보았다. 물론 그러기에 연가이기도 하다.

3. 풍경과 심경 사이, 길의 원근법

우리는 감상의 대상이 되는 자연이나 세상의 모습을 일러 '풍경風景'이라 부른다. 자연의 아름다운 모습을 주제로 하여 그린 그림을 그렇게 부르기도 한다. 풍경 가운데는 우리의 힘든 삶을 치유하는 힘이 있다. 이 경우 풍경이 심경에 선한 영향력을 발휘하는 것이 된다. '심경心境'은 그야말로 마음의 상태를 지칭하며, 풍경을 반사하는 마음의 저변에는 자연에 반응하는 각자 자기 방식의 패턴이 있다. 윤석광의 디카시에는 이러한 풍경과 심경의 상호 조응과 그 현현顯現의 방식이 잘 수렴되어 있다. 2부의 시들 중 「21-5」는 이 시집의 표제가 된 작품이며, '행복 쉼터'와 '멀티언어예술'을 성립시키는 방정식을 풀어 보인다. 그가 오랜 기간 수학 교사였다는 사실을 소환할 만큼 정교해 보이지만, 답안은 결국 자연 친화의 사상이다. 그런가 하면 「침묵의 바다에서」는 아마도 버들마편초인 듯한 꽃이 사막 앞에 넓게 펼쳐진 풍경을 바라보며 그 무언無言의 말을 심경에 담아낸다.

막걸리 한 잔에 너털웃음
잔소리 한번 없으시던
아버지의 생전 한 마디

자고로 남자는
듣는 귀가 있어야 해

—「경청」

석재 담에 연이은 목재 대문이다. 그 대문의 얼굴이 꼭 사람의 얼굴을 닮았다. 이러한 형상 자체가 쉽지 않은 형국이겠으나, 시인은 거기서 세상 떠난 아버지를 환기했다. 사정이 이렇게 되면 눈앞의 풍경이 가슴속의 심경에 육박하는 것은 그다지 어려운 국면이 아니다. 그 아버지는 '막걸리 한 잔에 너털웃음'의 소박한 품성으로 짐작되고, 생전에 '잔소리 한번 없으시던' 자애로운 인품으로 여겨진다. 그런데 그 어간於間에 촌철살인의 한 마디가 살아 있다. '자고로 남자는 듣는 귀가 있어야' 한다지 않는가. 이 '경청敬聽'이라는 성품을 익히고 있다면, 그는 안에서나 밖에서나 볼품 있는 인격자다. 대문의 얼굴에서 아버지의 훈도薰陶를 도출할 수 있다면, 이 시인은 좋은 눈과 귀를 동시에 가진 셈이 된다.

팬지 향이 팔릴 때까지
나비를 맡겨둡니다

잊지 마세요
이 풍성한 상징의 자리

─「전당포」

노란색과 푸른색 그리고 간간이 흰색이 뒤섞인 팬지 꽃잎이 바구니에 담겨 있다. 팬지는 제비꽃과에 속하는 한해살이 식물이며, 유럽 원산의 야생 팬지가 그 조상으로 가장 오래 꽃피는 재배식물이다. 이 꽃은 번식력과 내한성이 강한 것으로 알려져 있다. 왜 팬지꽃을 채취하여 모아 두었을까. 아마도 그 향香이 소용되는 형편인 것 같다. 그러기에 시인은 '팬지 향이 팔릴 때까지 나비를 맡겨둡니다'라고 말하지 않았을까. 꽃잎의 모양이 꼭 날개 편 나비와 같아서, 이 꽃에 늘 따라다니는 비유이긴 하다. 그리고 이어지는 시인의 말은 이렇다. '잊지 마세요, 이 풍성한 상징의 자리!' 팬지꽃과 나비, 그리고 시의 제목으로 제시된 '전당포'가 동시에 포괄하고 있는 상징적 의미망이란 과연 무엇일까. 궁극적으로 '맡겨짐'이라는 상징성을 나비 모양의 팬지에 기대어 발화한 것이 아닌가.

4. 시선을 집중하면 보이는 것들

국가 정책이든 개인의 결정이든, 흔히 '선택과 집중'이라는 언사를 쓴다. 이 말은 어떤 중요한 결론을 낼 때 모든 조건을 다 충족시킬 수 없기에, 중요도에 따라 선택을 하고 그것의 성취에 집중한다는 뜻이다. 사람이나 사물을 바라볼 때도 매한가지다. 더욱이 세상을 요약적이고 상징적으로 묘사하는 시인의 눈에 있어서는 더 말할 나위가 없다. 디지털카메라의 렌즈에 잡히는 풍광 가운데 마음의 동계動悸를 유발하는 장면을 포착하고, 그것의 상징적 의미에 집중하여 몇 줄의 언술을 생산하는 것이 디카시다. 윤석광은 이 디카시 창작의 문맥을 익히 알고 있고, 그러한 연유로 이 시집 3

부의 시들이 대체로 그와 같은 경로를 따라 산출되었다. 「Endless Love」는 역사의 갈피 가운데서 윤심덕의 〈사의 찬미〉를 불러내고, 그 처연한 환경을 바탕으로 집중하여 사랑 고백의 언어를 내놓았다. 「포행布行」에서는 그 제목의 뜻대로 승려들이 참선을 하다가 잠시 방선放禪하여 한가로이 거니는 장면을 대상으로 하여 '마음따라 걷는 길'이란 주제어를 도출했다.

아직 가면 안 돼
빨간불이잖아.

가을아!

─「범칙금」

    인용된 시의 사진에는 신호등에 빨간불이 들어왔다. 멈춰서라는 표시다. 누가? 모든 차들이, 그리고 이 불의 빛깔이 유추하게 하는 우리 삶의 크고 작은 행동들이 그래야 한다. 그런데 이 장면에서 시인은, 듣도 보도 못한 기상천외한 발상을 던지고 있다. '빨간불' 앞에서 가면 안 된다고 제어하는 상대방이 '가을'인 것이다. 미상불 이 거리의 느티나무 가로수들은 가을빛으로 물들었고, 도로는 차 몇 대밖에 보이지 않는 고즈넉한 정황이다. 그런데 여기서 가을의 행로를 막고 나선 시인의 심사는 대체 무엇일까. 가을이라는 계절의 의미망이 포괄하는 우리 삶의 한 지점을, 애타게 붙드는 안

152

타까움과 간절함이 잠복해 있는 것이 아닌가. 거기에다 이 요청을 수납하지 않으면 '범칙금'을 부과할 기세다.

바람은 파도를 등에 업고
어둠은 빛을 밀어낸다

자연이 만들어 낸 태초의 무늬
난수표 같은 다대포의 흥얼거림

선홍색 낙조가 황혼을 노래하다

―「시간의 주름」

인용의 사진은 좀처럼 보기 드문 광경을 연출했다. 겉보기로는 어느 바닷가 모래사장에 들어오고 나가는 바닷물이 잔류하여 기묘한 지형을 이룬 곳이다. 시간대로는 노을이 지고 있는 때이며, 그래서 가까운 곳과 먼 곳의 배색配色이 환상적인 그림으로 드러난다. 시인은 여기에 '시간의 주름'이라는 자못 고상하고 과감한 제목을 붙였다. 그가 관찰하기에 이는 '자연이 만들어 낸 태초의 무늬' 같으며, '난수표 같은 다대포의 흥얼거림'이다. 아, 그러고 보니 여기는 부산

사하구의 다대포 해안이다. 시인은 이 '선홍색 낙조'가 '황혼을 노래'한다는 활유법을 적용했다. 이처럼 초점이 강한 사진을 선택하고 이처럼 강렬한 시적 언술을 부가하였기에, 이 시는 참으로 주목할 만하다.

5. 길과 기다림과 만남의 방정식

로버트 프로스트의 시「가지 않은 길」은, 길에 대한 모든 시의 선두에 서 있다. 두 갈래 길 가운데 하나를 선택하는 것이, 우리 인생의 선택 그리고 그에 따른 곡절과 뒤이은 여운을 함께 상징하기 때문이다. 디카시인은 언제나 이와 같은 선택의 기로에 서 있다. 어떤 영상을 렌즈에 담을지, 그 영상 기호에 부합하는 문자 기호가 어떤 형용이어야 할지 끊임없이 고민하기 때문이다. 이 시집 4부에서 볼 수 있는 시들은, 이러한 상황을 노래한 것이 많다. 시인에게 있어 풍경으로서의 길은 곧 인생길의 상징이요, 그 길에 연동하여 곡진曲盡한 기다림과 운명적 만남의 장면들이 연출되기도 한다. 「03122024 절규」는 하늘에 길을 낸 구름의 모형에서 '속전속결'의 길 찾기를, 「귀천」에서는 하늘에 걸린 양피羊皮 모양의 구름에서 아버지에 대한 그리움의 존재 양식을 보여준다.

굳은살 적시는 이슬비
감나무 가지 끝 외로운 무희
말라붙은 시간 위에 부리를 얹는다

기다림은 새로운 시작
작은 부리 하나에 봄이 매달린다

　　　―「봄의 길목에」

　제목과 시를 보면 늦겨울에서 초봄으로 가는 길목이다. 헐
벗은 나목裸木의 성긴 가지에 지난 겨우내 달려 있던 해묵은
마른 감과 잎이 보이고, 까치인지 까마귀인지 모를 새 한 마
리가 부리를 쳐들고 있다. 앙상하기 이를 데 없는 광경이지
만, 언필칭 봄의 길목이다. 이 '봄'이란 어휘 하나가 이 그림에
미치는 영향이 이토록 크고 보면, 거기에 마술과도 같은 언어
의 힘이 잠복해 있다. 시인은 이 새를 '무희舞姬'라 불렀고, 이
계절의 경과를 '말라붙은 시간'이라 표현했다. 그가 보기에
'기다림은 새로운 시작'이어서, 이 새의 작은 부리 하나에도
봄이 매달린다는 것이다. 꿈보다 해몽이 좋다는 말은 이 시에
적합한 말, 범상한 일상 속에서 비범한 사유思惟를 일깨웠다.

가슴을 훔치는 아미
발그레한 볼
너는 내 마음의 보석상자

한그루 가로등 되어
그 사람을 마냥 기다립니다

　　　―「손톱달과 사랑」

황혼에서 밤으로 가는 시간대의 해안 길인 것 같다. 서녘 하늘에 아직 짙은 모색暮色이 남았는데, 도로변의 가로등에는 불빛이 들어왔다. 칠흑으로 검은 바닥에서 올려다보면, 저 멀리 중천에 '손톱달'이 걸려 있다. 이 시간과 공간을 포착하기가 결코 쉬운 일은 아니었을 것이다. 문제는 이 독특한 환경적 장치 위에서 손톱달이 의미하는 '사랑'이라는 개념의 정체다. 굳이 손톱달인 것은, 초승달이나 그믐달같이 손톱의 끝부분처럼 가느다란 모양으로 이지러진 달이라는 그 원의原義에 시적 의미를 잇대어 보이기에 그렇다. 시인은 여기에 '가슴을 훔치는 아미'이자 '발그레한 볼'의 관념을 불러온다. 더 나아가 아주 과감하게 '너는 내 마음의 보석상자'라고 언표言表했다. 그리고 그가 선 자리는 '한 그루 가로등'이 있는 곳, 마냥 기다림의 자리다.

이제까지 우리는 디카시인 윤석광의 시집 『21-5』에 수록된 시 62편을 공들여 살펴보았다. 〈시인의 말〉에서 말을 빌리면, 그에게 시 쓰기는 〈쉬울수록 어려워지는 시의 공간〉에서의 활동이었다. 그는 '아픈 만큼의 성숙'으로, '하얀 눈밭에 첫발을 내딛는 심정'으로 시를 쓴다고 했다. 시인의 이 고단하고 행복한 디카시 창작은 앞으로도 연면히 이어질 것이다. 우리가 함께 이름을 붙인 가족 또는 친인의 관계성 고찰, 풍경과 심경 사이, 길의 원근법, 시선을 집중하면 보이는 것들, 그리고 길과 기다림과 만남의 방정식 등의 주제들도

여러 모형의 시를 통해 다시 만나게 될 것이다. 바라기로는 그의 디카시가 계속해서 그 자신에게는 물론, 많은 독자에게 좋은 디카시의 진수眞髓를 공여해줄 수 있었으면 한다.